그 리 스 도

PIERRE TEILHARD DE CHARDIN S.J.
Le Christique

Copyright © 1976 Éditions du Seuil, Paris
All rights reserved

Translated by RI Pyung-Ho
Korean translation copyright © 2003 Benedict Press, Waegwan, Korea
Korean translation edition is published by arrangement
with Éditions du Seuil.

그리스도
2003년 1월 초판 | 2006년 10월 재쇄
옮긴이 · 이병호 | 펴낸이 · 이형우
ⓒ 분도출판사
등록 · 1962년 5월 7일 라15호
718-806 경북 칠곡군 왜관읍 왜관리 134의 1
왜관 본사 · 전화 054-970-2400 · 팩스 054-971-0179
서울 지사 · 전화 02-2266-3605 · 팩스 02-2271-3605
www.bundobook.co.kr
ISBN 89-419-0301-7 03230
값 5,000원

이 책의 한국어판 저작권은
Éditions du Seuil와 독점 계약한 분도출판사에 있습니다.
저작권법에 의해 한국 내에서 보호를 받는 저작물이므로
무단 전재와 무단 복제를 금합니다.

삐에르 떼이야르 드 샤르댕

그리스도

이병호 옮김

분도출판사

차례

편집자의 말 13
들머리: 우주의 사랑화 과정 17

I 우주의 수렴 현상 21
II 그리스도 노출 29
III 그리스도화한 우주 35
   1 그리스도에 의한 우주의 완성 36
   2 우주를 통한 그리스도의 완성 39
   3 신적 중심 42
IV 미래의 종교 47

마무리: 약속된 땅 53
부록: 마지막 일기 59
옮기고 나서 61

삐에르 떼이야르 드 샤르댕
(1923년)

1916년, 전우들과(맨 오른쪽이 샤르댕)

베이징에서, 루실 스완과의 티 타임

저우커우뎬 발굴단
(오른쪽에서 세 번째가 샤르댕)

로데지에서(1953년)

1951년에 쓴 샤르댕의 유언장

편집자의 말: 그리스도*

떼이야르 신부는 『물질의 심장』을 완성하기도 전에 자기의 마지막 작품을 구상했다. 거기에 대해 그는 이렇게 썼다. "나는 지금 내 안에서, 계속 커 가는 놀라움 속에, 앞으로 써야 할 '그리스도'를 조금 보고 있습니다. 나는 내가 본 그 모습에 충실하도록 그 작품을 다 쓰기 전에는 죽고 싶지 않습니다." 1950년 8월 19일자로 J. 모르띠에에게 보낸 편지의 한 구절이다. 그리고 같은 해 9월 29일자로 기록되어 있는 피정 비망록에는 이렇게 적혀 있다. "나의 하느님

---

* 원문은 "그리스도"Le Christ가 아니고 "그리스도적인 것"Le Christique이다. 형용사적 명사를 사용함으로써, 그리스도의 우주적 특성을 강조하려 한 것이다 — 역자 주.

이신 예수님, 저는 다시 한 번, 가장 뜨겁고 소박한 청을 드립니다. 제가 잘 끝마치게 해 주십시오. 〔…〕 다시 말씀드려서, 저의 가장 본질적인 메시지, 제가 남기고 싶은 말의 핵심을 잘 표현할 수 있도록 시간과 기회를 허락해 주십시오."

뉴욕으로 유배된 지 2년째 되던 해 봄에, 떼이야르 신부는 이렇게 쓴다. "'나 자신을 위해'(그리고 내 가장 가까운 친구들을 위해) 제일 먼저 쓰고 싶은 것은 아마 '크리스토퍼'(그리스도를 발산하는 이 — 역자 주), 혹은 그리스도다움 — 그리스도적인 점, 중심, 에너지 — 에 관한 연구입니다. 이 연구를 위해서 나는 다시 한 번 조금은 '신적 중심'에로 돌아가게 될 것입니다."

— 1952년 4월 30일, J. 모르띠에에게

1954년에 그는 다시 한 번 이 계획에 관해 말한다. "그동안, 나는 『그리스도』에 관해 '가장 가까운 사람에게만 고백하는 심정으로' 무엇인가를 쓸 생각입니다. 『신적 중심』, 『세계 위에서 드리는 미사』 그리고 『물질의 심장』을 다 합쳐서, 말하자면 그 핵심만을 표현하고 싶은 것입니다. 놀라운 정신적 '통합'(요즘 흔히 하는 말대로), 계시가 말하는 충만으로 이

끌어 주는 그리스도와, 과학이 말하는 수렴적 진화의 만남 때문에 가능하게 된 (불가피하게 이루어지는 그 실현 과정 중에) 이 통합에 다시 한 번 사람들의 관심을 불러일으키고 싶습니다. 극미 세계에서 극대 세계에 이르기까지, 그 엄청난 시간에 걸쳐서, 우주 전체가 사랑을 향해 진화해 가는 모습을 제시하고 싶습니다. …"

― 1954년 9월 22일, J. 모르띠에에게

마지막으로 죽음을 두 달 앞두었을 때, 떼이야르 신부는 지난 5년 동안 자신 안에서 성숙해 온 것을 드디어 쓰기 시작하였다. "나는 이제 어떤 음조가 될지, 어떤 모양이 될지를 (『신적 중심』, 『세계 위에서 드리는 미사』 그리고 『물질의 심장』 등 여러 작품들 속에서 어딘가에 배치할 만한 것이 될지 모르겠는데) 전혀 모르는 채 『그리스도』의 집필을 시작하였습니다. 제가 이 일을 참으로 잘 해낼 수 있도록 기도해 주십시오. '그분'의 나라가 오시도록."

― 1955년 2월 9일, J. 모르띠에에게

들머리: 우주의 사랑화 과정

지금부터 소개할 글은 오랜 동안의 숙고 과정을 거쳐서 무르녹게 한 다음 그것을 재치있게 구성해서 만든 한 체계의 요약이나 사변적 논증이 아니다.

  이것은 어떤 내적 사건에 관해서, 어떤 개인적 체험에 관해서, 아주 객관적으로 제시하는 증언이다. 나는 여기서 인간이 자기 자신 쪽으로 흘러가는 전반적 흐름의 흔적을 보지 않을 수 없다.

  내 삶의 여정을 밟아 오면서 나는 내 안에서 가장 기본적인 정신적 움직임 내지 흐름을 조금씩 (나중에는 습관이 되기에 이르기까지) 감지하게 되었다. 우리는 이 흐름의 와중에 있으면서도 흔히 그것을 충분히 의식하지 못한다.

여기서는, 내 개인적인 생각이 지상에서 생각하는 여타 존재들과 어쩔 수 없이 가까워진다. 또한 그렇기 때문에, 점점 폭을 넓혀서 "스스로 정돈하고 있는" 모든 것과도 가까워진다. 엄청난 시간과 공간 어디에서 이루어지건, 또 어느 정도로 이루어지건 상관없이, 이 가까워지는 운동은 계속 앞으로 나아간다.

저기서는, 생각과 행동의 초超-중심이, 내 조그만 "자아"의 중심에서 끈질긴 세력으로 개체화 과정을 계속한다. 그런 식으로, 나 자신보다 더 나인 일종의 타자가 내 의식 깊이에서부터 억누를 길 없이 점점 더 높이 상승한다.

여기서는, 물리적이며 동시에 정신적인 흐름이, 만물의 재료 전체로 하여금 복잡화의 방향으로 스스로 똬리를 틀게 하고, 그렇게 해서 결국에는 공동-반성으로까지 이끈다.

저기서는, 육화한 신의 형상 아래, 하나의 "현존"이 너무나 내밀하여, 그 자신과 나를 만족시키기 위해, 본질상 우주(보편)적일 수밖에 없다.

"우주적 수렴"과 "그리스도적 노출", 이 두 가지 방향 (그리고 느낌)이 각기 독특한 방식으로 나를 온통 사로잡아 왔다.

이 둘이 모두 나의 뼛속까지 파고들어 왔지만, 그 하나하나가 각기 다른 각도에서 내 의식 속에 들어

왔기 때문에, 서로간에는 아무런 관계도 없고 따라서 열매도 내지 못한 채 그저 거기 존재할 수도 있었다.

그런데 실제로는, 정반대로, (이 글은 바로 그 경험을 한번 표현해 보려는 시도인데) 이 둘이 서로 가까워져, 내 정신을 이루는 내용물이 되고, 그렇게 해서 서로간에 끝없는 상호작용을 통해 참으로 놀라운 빛을 낼 수가 있게 되었다. 내 삶의 기쁨과 힘은 바로 이것을 지켜보는 데서 오는 것이었다. 내가 보기에, 내연폭발內燃爆發에 의해 발생한 이 빛은 너무나 강렬해서 세계를 그 심층에서부터 변-모시켰다(혹은 변-본체시켰다고까지 말할 수 있겠는데).

계시와 과학이 함께 성숙기에 들어섬으로써 20세기의 인간에게 갑자기 열린 문을 통해, 사람들은 처음으로 만물이 지니고 있는 일종의 "초-차원"에 접근할 수 있게 되었다. 거기서는 (억제하거나 무력화시킴으로써가 아니라, 반대로, 그것을 최상의 상태로까지 끌어감으로써), 적극적인 행위, 수동적인 정열, 그리고 상호소통이 서로간에 유지해 오던 차이가, "중심"의 열과 "전체"의 시선 앞에서, 안개처럼 사라진다.

우주가 그 진화의 위력 속에서 사랑화하고 인격화하는 것이다.

『세계 위에서 드리는 미사』와 『신적 중심』을 통해, 나는 이미 오래 전, 내 안에서 이런 비전이 막 형성되었을 때부터, 나의 감격과 찬탄의 마음을 표현해 보려고 노력하였다.

같은 방향으로 끊임없이 생각해 온 지 40년이 되는 오늘날,[1] 나는 여전히 똑같은 근본적 비전을 두고, 마지막으로, 좀 더 무르녹은 모양을 갖추어 그것을 제시하고 나눌 필요를 느낀다.

내가 처음으로 이런 비전을 만났을 때에 비하면, 그 신선도나 흥분에서는 한결 떨어지겠지만, 놀라움과 정열에서는 조금도 변함이 없다.

---

[1] 『물질의 심장』(1950)에서 나는 일종의 자서전 형식을 빌려, 이런 생각의 "출현"을 두고 그 전반적인 과정과 주요 단계들을 기술해 보려고 노력했다.

Ⅰ 우주의 수렴 현상

 우리가 원하건 말건, 실토하건 않건, 오늘날 우리는 모두 "진화론자들"이 되었다. 동물학에서 다윈이 아주 조금 열어 놓은 틈새를 통해서 "시간의 흐름"이라는 관념이 우리 경험 전체를 이미 점령해 버렸다. 그래서 별로 먼 과거도 아닌 (1900년경) 시대로 거슬러 올라가, 종의 형성이라는 문제를 두고 격렬한 논쟁을 벌이던 때를 생각하면, 50년 후에는 인류의 경제 전체가 원자의 생성에 그 바탕을 두게 되지 않을까 하는 생각을 피할 수가 없다.
 반복해서 말하거니와, 오늘날 우리는 모두 별수 없이 세계가 계속적인 형성과 변환의 상태에 놓여 있는 것이라는 전제하에 생각하고 행동한다.

그런데도 불구하고 이런 전반적인 정신 상태가 우리의 구체적인 사고 속에서 명확하고 완전히 표현되려면 아직도 멀었다.

가장 기초적인 — 제일 막연하기도 한 — 의미로는 "진화한다"는 말이 "변화한다"는 뜻일 수도 있다. 이 때 변화의 본질이라든지, 형식은 문제 되지 않는다. 불규칙하거나 일정한 방향으로 진행되거나, 계속적이거나 간헐적이거나, 또 덧붙이거나 헐어 내거나 …, 일단 그런 것을 묻지는 않는다.

이런 기초적인 수준에서는, 물리학과 생물학에서 문제가 이미 해결되었다고 말할 수 있다. 그런데 우리 안에서 또 우리 주변에서 우주의 재료를 활성화하는 운동은 그냥 흔들어 대는 것도 아니고, 등질성等質性을 향해 마냥 흘러가는 것도 아니다. 우리의 경험에 비추어 볼 때, 그 운동은 "일정한 방향을 향해서" 진행하는 하나의 과정 — 더 정확히 말하자면 두 가지 과정을 한데 모은 것(總和) — 이다.

가) 우선, 우주적 에너지의 단계적 "소체화"小體化를 통해서 진행되는 "정돈" 운동인데, 이 과정을 거쳐서 원자, 분자, 세포 등, 무수한 — 점점 더 "복잡"하고, 그만큼 더 "정신화"하는 — 다양성이 생성된다.

나) 다른 하나는, 정반대로, 정돈된 에너지를 점점 더 개연성이 많고 단순한 형태로 계속 환원시키는 운

동, 곧 "반정돈"(엔트로피) 운동이다.

일정한 모양이 없이(엔트로피) 흘러가는 강물 속에서, 그 도도한 흐름을 거슬러 수없이 많은 소용돌이들이 나타나는 광경을 상상할 때, 우리는 그것을 진화의 일반적 형태를 보여 주는 그림으로 생각할 수 있을 것이다. 그리고 전문가라면 이런 비유에 일반적으로 동의한다. 그런데 "현상적으로" 말하자면, 세계가 우리에게 단순한 운동 체계로서만 나타나지 않고, "생성" 도중에 있는 체계로서도 나타난다. 이 둘은 전혀 다른 것이다. "물질"의 변태를 통해서, 전반적인 방향에 따라, 불가역적으로 또 추가적으로, 어떤 새로운 것이 만들어진다(동시에 만들어졌던 것이 해체되기도 한다).

하지만, 그렇기 때문에, 더욱 큰 (궁극적인 문제라는 말을 피하기 위해) 문제가 나타난다.

앞에서 우리가 비유로 들은 강의 경우에 가장 결정적이고 중요한 것은 물론 주류를 이루고 있는 흐름이다. 낮은 쪽을 향해 도도히 흐르고 있는 엄청난 양의 물에 비해, 잠깐 있다가 사라지는 소용돌이가 더 중요하거나 가치 있다고 볼 수는 없는 것이다. 그러나 우주 생성에서는, 사정이 전혀 다르다. 그런데 무엇을 기준으로 하여 우리가, 두 가지 운동 가운데 한 쪽이 더 가치가 있다고 말할 수 있겠는가? 진화에서

"중요한 것", 다시 말해서 우주적으로 결정적 의미가 있는 것은 도저히 저항할 수 없는 세력을 과시하며 도도하게 흐르고 있는 엔트로피 운동 쪽이라고 해야 — 언뜻 보기에 그런 것처럼 — 할 것인가? 아니면, 정반대로 (그 연약해 보이는 면에도 불구하고) 우주적 시간의 흐름 속에서 끈질기게 추진되어 온 바, 점점 더 복잡하고 점점 더 중심화한 핵核들 쪽이라고 해야 할 것인가? 달리 말하자면, 우주가 최종적으로 가 닿을 곳은 반정돈-무의식(유물론의 주장) 쪽인가, 아니면 정반대로 정돈-의식(유심론의 주장) 쪽인가?

가치와 미래에 관한 이 문제를 두고 (그것이 우리에게 아무리 중요해도) 과학은 어떤 쪽으로도 입장 표명을 거부하고 있다. 그렇기 때문에 사람들의 의견은 각각이다. 경험적 해결은 어차피 불가능하고, 거기에 대한 답변은 철학이나 아니면 각자의 느낌에 맡길 수밖에 없는 일이라고들 말한다.

하지만, 나는 주장한다. 우리 앞에서 전개되고 있는 현상이 너무나 장대하고 우리와 너무나 가까워, 우리가 그 속에 빠져 살기 때문에 그 생-화학적 의미를 흔히 보지 못할 뿐이다. 우리가 눈을 똑바로 뜨고 볼 수만 있다면, 우리는 문제를 기술적으로 충분히 풀 수가 있다. 인간적 "공동-반성"이라고 하는 현상을 두고 하는 말이다.

우리는 사건 한가운데에서 태어나고 살아가기 때문에, 우리 자신들과 더불어 생각할 뿐 아니라, 동시에 다른 모든 사람들과 함께 생각할 수밖에 없다는 사실이 아주 자연스럽게 느껴진다. 달리 말해서, 크고 작은 행동을 할 때마다, 실상 우리는 보고 행동한다는 인간적 행위의 총화를 건설하는 데에 이바지하고 있는 것이다.

이와는 반대로, 충분히 뒤로 물러서서, 우리가 참여하고 있는 "공동-의식화" 과정을 세계의 일반적 전망 속에 두고 한번 바라보자.

그렇게 되면 실제의 사실로부터 한 가지 확실한 사실 — 이상하게도 해방감을 느끼게 해 주는 — 이 드러난다. 세상의 기술적·사회적 설비라고 하는 낯익은 겉모습 아래, 우리의 작은 개인적 중심 너머로 비개연성 쪽을 향해 점점 더 빠른 속도로 뻗쳐 나가고 있는 진화 자체의 행보가 선명하게 나타나는 것이다. 이 진화는 전 지구적 규모로 복잡화·의식화의 방향을 향해 어김없이 진행하고 있는 것이다.

이 단순한 사실 확인은 우리의 지성과 의지에 결정적으로 중요하다.

생명발생에 관한 이론가들 가운데 많은 이들이 아직도, 정돈을 향한 우주적 흐름이 — 반엔트로피 방향의 — 종국적으로는 생명체 형태들이 "다양성과 산

발성散發性을 더해 가는 쪽으로의 확산"으로 귀결될 것 같이 말들을 한다. 그런데 실상 지상의 공동-반성 현상을 올바로 해석하면, 이와는 정반대로, 이 우주적 흐름이 성숙 단계에 도달할 때, 만물의 재료 가운데 인간화한 부분이 다양화와 일체화 방향의 중심화 형태를 취하게 된다는 결론에 이른다.

경험적으로, 비개연성 쪽으로 진행한 극단적인 지대를 두고 관찰할 때, "우주는 자기 자신을 향해 수렴한다".

내가 보기에, 참으로 또 완전한 의미에서 진화론자라면, 세계가 자신을 향해 "정신발생적" 수렴을 하고 있다는 사실을 감지하고 인정하지 않을 수 없다.

그뿐 아니라, 우주발생의 그런 "구심적" 형태를 일단 감지한 사람이라면, 우주가 그 견고성과 가치를 동시에 지니기 위해서는, 그것이 자신 쪽으로 수렴하는 방향으로 — 그 반대가 아니라 — 간다고 하는 사실을 인정하고 그 입장을 선택할 수밖에 — 수많은 물리적·심리적 이유로 해서[2] — 없다.

이렇게 해서, "합일화와 불가역 운동의 우주적 흐름"이 나타나고 확인된다. 우리는 바로 그 흐름 속에 빠져서 살고 있는 것이다. 그리고 이 흐름이 세계를 비추고 뜨겁게 하고 공고히 하여 그것을 변모시킨다.

모든 힘들을 안으로부터 조정하고 활력을 불어넣어 주는 상급 힘 …

우리의 비전과 행동을 위한 새-중심Neo-milieu, 거기를 벗어나면 인류발생은 힘을 잃고 사멸해 갈 수밖에 없는 상황을 당연히 두려워하지 않을 수 없다. 그러나 그 안에서라면, 그와는 반대로, 월越-인간화ultra-hominisation를 향한 전진력에 한계가 없는 상황을 생각할 수 있게 된다.

---

[2] 구조상의 물리적 이유들: 합일은 본성상 그 상태를 고정시킨다. 또 이 합일의 상태가 지속되는 한, 그것은 활동한다.

그것이 요구되는 심리적 이유들: 세계의 생물학적 일체화가 언젠가는 끝날 수밖에 없는 것이라면, 그런 식의 종말을 미리 내다보는 것만으로도 (다음을 참조) 우리 안에서 공동-반성의 진화적 노력을 압살시키기에 (초-생명에 대한 혐오감으로) 충분할 것이다.

II 그리스도 노출

지금까지 나는 "공동-반성의 인간 현상"을 우리 각자가 얼마나 완전히 이해하고 그 역할의 중요성을 인정하느냐 하는 데 따라, 세계의 모습이 얼마나 크게 변모하는지를 보여 주려고 노력했다.

이제 우리의 시선을 돌려, 겉으로는 전혀 다른 방향으로 보이는 쪽을 한번 바라보자. 다시 말해서, 물리의 세계를 뒤로 하고, 앎의 신비적 영역으로 건너가서, 혹시 우주를 보는 우리의 지적 또 정서적 전망 안에, 같은 수준의 탈바꿈 ─ 대칭적 혹은 보완적인 성격의 탈바꿈까지도 ─ 현상이 나타나지나 않는지 한번 보자. 경신숭배라는 "그리스도교적 현상"을 가까이 들여다봄으로써 그런 가능성을 한번 점검해 보자는 것이다.

그리스도교 현상 …

비교종교학을 통해서 학문세계가 이룩한 발전에 따라, 서양에서 거의 2천 년 동안 일치된 의견으로 세계 역사에서 유일한 것으로 여겨져 왔던 이 큰 사건이, 언뜻 보기에는, 오늘에 와서 짙은 그림자 속에 가려지고 있는 것 같은 인상을 준다. 그것은 마치, 다윈주의 초기에 인류가 제4기 자연 속에 출현함으로써 인간이 어두움 속에 가려졌던 것에 비길 수 있다. "그리스도교, 그것은 확실히 놀랄 만한 종류의 종교이다. 하지만 그것은 수많은 종교들 가운데 하나일 뿐이며 게다가 일정한 시간 동안에만 존재할 것이다." 이렇게들 생각하고, 요즈음 들어 대단히 많은 "지성인들"이 공개적으로든 아니든 그렇게들 말한다.

인간의 경우, 사람이 자신의 우위성을 탈환하기 위해서는, 우리가 반성의 위치와 그 진화적 기능을 확실히 보는 것으로 충분하다. 그럴 경우, 인간이 더 이상 만물의 중심 자리를 차지하지는 않는 대신, 그 머리로서의 역할을 한다는 사실이 분명히 드러나게 되기 때문이다. 그와 마찬가지로, 그리스도교가 광대한 종교세계 안에서 그 우위성을 잃기는커녕, 오히려 축으로서의 그 위치와, 인간의 정신적 에너지가 지향하는 방향을 향해 실제로 인류를 향도하는 그 역할

이, 한층 더 공고해진다. 다만 한 가지 조건이 있는데, 그것은 그리스도교가 지닌 "전체적-사랑화"pan-amorisation의 특별하고 의미있는 힘에 충분한 주의를 기울이는 일이다.

그리스도교적 사랑, 그리스도교적 자비 …

이 표현이 비그리스도인들에게 흔히 시혜적 차원의 호의나 본색을 감춘 미심쩍은 구석을 연상시킨다는 사실을 나는 경험을 통해서 잘 알고 있다. "'하느님과 세상을 사랑한다', 이것은 심리적으로 모순이 아닌가? — 사람들은 한목소리로 말한다 — 잡을 수 없는 것, 보편적인 것을 과연 어떻게 사랑할 수가 있겠는가? 그뿐 아니라, 전체의 사랑과 전체로부터의 사랑이라는 것이 은유적으로 가능하다고 해도, 그 내적 자세는 힌두교 박티나 페르시아의 바바이스트들에게나 어울리는 것이 아닌가? 그리고 다른 많은 사람들의 생각에는 그것이 특별히 그리스도교적인 태도도 아니다. …"

그러나 물질적으로 — 거의 거칠게 몰아붙이는 방식으로 — 그 반대가 사실이라는 것을 입증해 보이기 위해서, 우리 눈 아래에 엄연한 사실들이 있지 않은가?

우선, 누가 무어라 하든, 하느님께 대한 사랑 — "진짜" 사랑 — 이 얼마든지 가능하다. 그렇지 않다면 이 땅 위에 있는 모든 수도원들과 성당들은 하루 아침에 텅 비게 될 것이다. 그리스도교 역시 그 전례와 계명, 성직자 조직에도 불구하고, 당장 무너지고 말 것이다. 그것은 피할 길이 없다.

다른 한편, 이 사랑은 확실히 다른 어디에서보다도 그리스도교 안에서 가장 강한 데가 있다. 그렇지 않다면, 여러 가지 덕행들과 복음적 부드러움이 행사하는 매력에도 불구하고, 여덟 가지 행복의 길이나 십자가에 관한 가르침이 좀 더 정복적인 신경 — 특별히 어떤 인본주의나 현세주의 — 으로 대치된 지가 오래였을 것이다.

다른 종교들의 가치나 공적이 어떻든, 사람들이 그것을 어떻게 설명하든, 이제까지 세계에 나타난 사랑의 가장 뜨거운 집단적 불길이 "지금 여기" 하느님의 교회 한가운데 — 심장 — 에서 타고 있다는 사실은 부인할 수 없다.

"실제로", 어떤 종교적 신앙도 (역사의 어떤 시점을 잡고 보아도) 지금 그리스도교 — 가톨릭은 더 — 보다 더 뜨거운 열기, 일치를 향해 더욱 강렬한 힘을 발휘한 적이 없다. 또 "이론적으로 보아도", 그렇게 된 것은 너무나 자연스런 일이다. 현재의 것이든 과거의 것이든 상관없이 어떤 종교의 기본 교조(신경)를 보아도, 그리스도교처럼 육화한 하느님에 관한 세 가지 기본 특성들을 그토록 "기적적으로" 또 효과적으로 연합시켜 제시함으로써 우리를 사로잡고 강력하게 끌어들이는 경우는 없다. 그 특성들은 이렇다.

가) 경험적으로 만져볼 수 있다는 점: 그리스도 예수께서 (육체적 탄생을 통해) 진화의 과정 속에 역사적으로 끼어들어 오셨기 때문이다.

나) 우주적(범세계적) 확장성: "부활"의 힘으로 그리스도적 "중심"에 주어진 능력이다.

다) 흡수 동화의 힘: 유기체의 동화작용처럼, 인류 전체를 동일한 "몸"의 일치 속에 끌어모을 수 있는 능력이다.

초기에 형성된 이런 의인적擬人的 표현의 모순적 혼합체를 두고, 그것은 신화 시대의 옛날 이야기라느니, 영지주의적 과장이라느니 하면서 비판하기는 쉽다. 내가 계속 주장할 수밖에 없거니와, 이 세 요인들의 — 그것이 아무리 이상해 보여도 — 연합은 "유지되고", "완벽하게 기능한다". 그렇기 때문에, 이 세 구성 요인들 가운데 하나만 그 사실성 — 혹은 그 현실성만이라도 — 이 약화되어도 그리스도교적 불길은 그 즉시 꺼져 버린다.

결국, 여러 종류의 신앙체계 가운데서 그리스도교의 우위성을 공략할 수 없게 만들어 주는 것은 그리스도교가 점점 더 의식적으로 "그리스도 발생"과 하나임을 깨달아 가고 있다는 사실이다. 다시 말해서, "우주적이고 동시에 불사불멸하게 하며 합일화하는 어떤 현존"에 대한 의식이 상승하고 있는데, 그리스도교가 바로 그런 것이다.

이것이야말로 우리가 앞에서 인간 현상을 두고 끝까지 분석해 들어갔을 때 얻게 된 결론 — 거기서는 "흐름"이라는 표현을 썼지만 — 과 정확히 일치하는 것이 아닌가!

여기에서는 (그리스도교의 경우) 확장擴張운동을 하고 있는 중심이 하나의 권圈을 찾고 있다.

저기에서는 (인간의 경우), 심화深化운동을 하고 있는 권이 하나의 중심을 찾고 있다.

이처럼 분명히 드러나는 상호보완성이 단순한 우연이나 환상에 불과할 수가 있을까?

III 그리스도화한 우주

우리가 지금 세계의 두 반쪽들 — 물리적인 한쪽과 신비적인 한쪽 — 이 세계 전체의 힘에 의해 서로 가까워지고, 인류의 머리 위에서 서서히 닫혀 들어가는 가운데, 그 안에 유폐되어 있다는 의식이 차츰 깨어나고 있다. 그 결과 떠오르는(露出) 그리스도와 모아들이는(收斂) 우주가 서로 만나서 조성되는 생명의 초-중심 쪽으로 우리가 다가가고 있다는 의식이 점점 뚜렷해지고 있는 것이다.

이렇게 해서 우리는 지금 이 글에서 내가 증언하려고 애써 온 체험의 핵심에 도달하게 된 셈이다.

거기에 힘을 더 실어 주기 위해서, 순서를 정해 놓고, 차례대로 살펴보자.

— 먼저, 사건의 전개 과정에서, 우주와 그리스도가 각기 어떻게 서로 만나 각자 완성의 단계에 도달하게 되는가?

— 다음으로, 이 연합을 출발점으로 해서, 어떻게 제3의 것이 나타났으며 (한꺼번에 요소, 중심, 우주적 얼굴인), 우리의 행위와 이해에 관해 우리에게 익숙해졌던 관념들을 두고, 그 제3의 것 안에서, 그 사이의 반대적 관계를 소멸시킴과 동시에 그 충만한 표현을 살려 내는 일을 동시에 할 수 있게 되었는가?

1. 그리스도에 의한 우주의 완성

과학은 현대 인간에게 자신이 수렴하는 우주에 속해 있음을 가르쳐 주었고, 그렇게 해서 오늘날 사람들은 "우주적 감각"에 눈을 뜨게 되었다. 나는 앞 (1 우주의 수렴 현상)에서 성실성을 다하여 이 새로운 형태의 우주적 감각의 실재성과 그 영성적 가치를 확인하고, 평가하고, 강조하였다.

나는 직접 체험을 통해서 누구보다도, 이 "진화적 감각" — 혹은 "인간적 감각" — 이 인간을 감싸고, 강화하고, 고양시켜 주는 힘이 있음을 알고 있다. 그렇기 때문에, 나는 미래의 위대한 영적 건조물들이 이 새로운 정신적 요인을 바탕에 깔고, 또 그것을 출발점으로 해서만 축조될 수 있을 것 — 실제로 그렇게 될 텐데 — 이라고 확신한다.

하지만, 나는 무시할 수 없는 이유들 때문에, 공동-반성의 지구적 흐름에 참여하고 있다는 의식이, 자기 혼자만의 힘으로 (그것이 우리 각자의 내부에서 아무리 강렬하다 해도), 내 친구 J. 헉슬리가 진화적 인본주의라는 명칭으로 매력 있게 제시한 것과 같은 종류의 종교를 창시해 낼 수 있을지는 크게 의심하지 않을 수 없다.

왜냐하면, 인간화의 끝에 가서는 완성과 공고화의 상급 극점 — 그것을 오메가라고 부르자 — 이 우리를 기다리고 있다는 확신이 우리 안에 아무리 강하게 자리잡고 있어도, 이 오메가 포인트는 결국 우리의 상상력을 우주 밖으로까지 뻗쳐야만 — 외연적外延的 방식 — 가 닿을 수 있는 거리에 위치해 있기 때문이다. 그것은 본질상 추정과 요청의 대상인 것이다.

"미래적 존재로서는 보증된 입장"임을 인정한다고 해도, 그것은 우리의 기대에 희미하고 막연한 모습으로만 나타난다. 그래서 거기에서는 집단적인 것 및 가상적인 것이, 인격 및 실재와 아주 위태롭게 혼합해 있다.

이와 반대로, 우리가 새-그리스도교와 새-인본주의에 동시에 가담함으로써, 우리의 정신이 "그럴까?" 하는 단계를 거쳐서 확신하는 단계에 이르기까지, 계시의 그리스도와 진화의 오메가가 서로 다른 것이 아님을 결국 인정하게 된다면, 어떤 일이 일어나는가?

그렇게 되면, 우리 눈과 마음에 경험적 우주가 그 순간에 완성되고 결정적으로 활기를 띤다.

과연, 한편으로, 우리 위에서 하나의 창문이 열려 미래의 최상부에서 빛을 내기 시작한다. 세계의 최상 극점이 "그리스도 예수 안에서" 확실히 열려 있다면, 그런 세계에서 우리가 숨이 막혀 죽을 위험은 사라진다!

그리고 다른 한편, 이 높이로부터 내려오는 것은 공기만이 아니고 사랑의 빛살이다. 그렇기 때문에 미래를 예견하게 된 생명에게는 이 세계가 숨을 쉴 수 있는 정도에 머물지 않는다. 세계는 그 진화의 첨단부를 통해서 정열적으로 끌어당기는 실체임이 드러나는 것이다.

에너지의 표현을 빌려 말하자면, 오늘날 그리스도가 아주 적기에 오신다는 사실을 인정해야 한다. 인간은 지금 전면적인 죽음에 대한 단순한 위협과 의심 앞에서 당연한 반발심을 느끼고 있다. 바로 이런 반발로부터 인간을 보호하기 위해서, 또 그보다도 더, 사고가 반성의 지구적 목표에까지 도달하기 위해서 필요한 "최강"의 자극을 주기 위해서, 그리스도는 오늘날 더할 수 없이 시의 적절하게 오시는 것이다.

진실로 그리스도는 구원하신다. 그러나 우리는 즉시 덧붙여서 그리스도 역시 진화를 통해 구원되신다고 말해야 하지 않을까?

2. 우주를 통한 그리스도의 완성

전체 그리스도 안에는 (이 점에 관해 그리스도교 전통은 견해를 같이하는데) 인간과 하느님만 있는 것이 아니다. 거기에는 그 "신인神人적" 존재 속에 창조계 전체를 끌어모으는 분이 또 있다. "in quo omnia constant"(만물은 그분으로 말미암아 존속한다)(골로 1,17).

바울로 사도가 자기 세계관 속에서 그리스도의 이 제3 측면 혹은 기능 — 혹은 한술 더 떠서, 어떤 의미로는 제3의 본성(인간성도 아니고 신성도 아니라 "우주적"인 본성인데)이라고까지 말할 수도 있겠다 — 에 아주 지배적인 위치를 배정하고 있음에도 불구하고, 지금까지는 신자들이나 신학자들이 이 점에 별다른 관심을 기울이지 않았다.

이제는 사태가 역전되어, 여러 가지 경험 방법을 통해 우주가 우리 눈에 환상적으로 확대되고 있기 때문에, 교회도 그리스도의 보편성 — 우주성universalité — 교의를 이 새로운 전망 속으로 옮겨 놓고 보도록 의식을 일깨울 시점에 와 있다. 그렇게 해서 새로운 희망을 불러일으키고, 동시에 어려움을 제거해 주어야 하는 것이다.

희망이라고 하는 것은, 세계가 이처럼 환상적으로 광대하고 가공하리만큼 강력하다는 사실이 드러남에 따라, 그리스도께서도 우리가 생각해 온 것보다 훨씬 더 위대한 분임이 밝혀지기 때문이다.

어려움이라고 하는 것은, 그리스도께서 우리의 새로운 시-공간이 내놓는 요구에 맞춰 "자신을 거의 무한대로 확장하면서", 어떻게 동시에 그 찬탄할 만한 인격성을 잃지 않고, 따라서 말하자면 스스로 증발해 버리지 않을 수가 있겠는가 하는 점 때문이다.

바로 여기서, 그리스도형 종교와 수렴형 진화가 놀라움과 해방의 위력을 발휘하며 이루는 조화가 꽃피어난다.

잘 생각해 보자. 세계가 정지 상태의 우주였다고 하면, ― 혹은 더 나아가 그것이 분산 체계였다면 ― 창조물에 비해 그리스도의 우위성을 증명하기 위한 논거로, 관념이나 법률 차원의 관계들밖에 내세울 것이 없었을 것이다. 그리스도가 만물의 왕이라면 그것은 그분이 왕으로 "선포되었기" 때문일 뿐, 그분과 만물 사이에 근본적으로 "풀릴 수 없는" 어떤 의존성의 유기적 관계가 존재하기(관념적인 차원에서도 그런 성격의 관계가 존재할 수가 없다) 때문은 아닐 것이다.

이런 식의 "비본질적인" 전망 안에서는, 그리스도의 "우주성"에 관해서 말을 한다고 해도 솔직히 말해서 그것은 근거가 매우 약하다.

그와는 대조적으로, 사실이 입증하고 있는 그대로, 우주, 우리의 우주[3]가 생물학적 "소용돌이"를 형성하고 자신 안으로 강력하게 휘돌아 들어간다면, 그때에는 이 시-공 체계의 최첨단에 유일하고 특이한 하나의 자리가 나타나는 것을 보지 않을 수가 없다. 그리고 바로 그 자리에서, 그리스도는 조금도 변형시키거나 무리를 할 필요가 없이, 전대미문의 현실적 의미를 따라, 글자 그대로 "전능자, 만물의 주재자"Pantocrator가 되는 것이 아닌가?

그리스도의 자리로 상정하는 진화의 오메가 포인트를 기점으로 하면, 그리스도는 현기증나게 광대한 만물 전체 위에 "물리적으로" 영향을 끼친다고 하는 생각이 가능하게 될 뿐 아니라, 이 영향력이 만물 속에 침투하고 활성화시키는 힘의 최고치를 발휘할 것은 피할 수 없는 일이 된다.

그렇게 해서 복잡성-의식화 방향으로 진행되는 진화운동의 제1 원동자原動者로 격상되면, 우주적 그리

---

[3] 그리고 아마 창조란 하나로 만드는 것(合一)임을 생각할 때, 가능한 "모든" 우주도.

스도가 우주론적으로도 가능하게 된다. 또 그렇게 되면, "그 사실 자체로서", 그는 참되고 충만한 의미로 "변형의 편재성遍在性"을 획득하고 발전시키게 된다. 우리 각자에게 있어서, 일체의 에너지, 일체의 사건은 그 영향과 인력引力의 권역 속에 들어가 활기를 띠게 된다. 이렇게 볼 때, 우주 생성은 그 중심축을 따라 생명권·정신권을 거쳐서, 모든 그리스도인들이 경배하는 그리스도 생성에 이르러 정점에 도달한다.

이제, 신앙인의 감격에 찬 눈에는, 바로 성체성사의 신비가 우주적 "실체변화"를 통해서 무한대로 뻗어 나가는 광경이 나타난다. 이제 축성의 말씀은, 단순히 제사상의 빵과 포도주 위에만 내려오지 않고, 세계의 수렴운동을 통해 진행되는 도정 속에서 산출되는 기쁨과 고통의 총체 위에도 내려온다.[4]

또 그 결과, 우주적(보편적) 상호소통(친교)의 가능성이 내려오는 것도 보인다.

3. 신적 중심

신과의 일치를 위한 노력 속에서, 인간은 지금까지 두 가지 길만 걸어 보았을 뿐이다. 하나는 "피안"으로 도피하는 길이고, 또 하나는, 정반대로, 일원론적

---

[4] 『사제』 전집 제12권 참조.

정신을 가지고 만물 속에 녹아 들어감으로써 그것과 합일을 이루고자 하는 길이다. 그렇다면, 우주적 체제 속에서, 자신을 괴롭히는 안팎의 다수성多數性(multi-plicité)을 피하기 위해, 어떤 다른 길을 찾아낼 수 있을까?

그리스도적 오메가를 향해 진행하고 있는 우주 생성 과정을 통해, 우주가 우리 눈에 실제로 수렴운동을 하는 전체의 모습으로 보이기 시작하면, 바로 그 순간부터 "신비가"에게는 전혀 새로운 제3의 길이 열려 총체적 일치에 도달할 수 있는 가능성이 트인다. 그리고 그것은 (세계의 권圈 전체가, 자기를 향해 구심적으로 움직이고 있는 "중심" 바로 그것과 다른 것이 아니기 때문에) 자신의 힘을 다하고 마음을 다해서, 아직은 펼쳐져 있지만 지금 벌써부터 존재하는 것은 분명한, 우주적 합일의 초점과 하나를 이루는 일이다.

그리스도화한 우주와 함께 (혹은, 결국 같은 말이지만, 우주화한 그리스도와 함께) 진화적 초-중심이 나타난다(나는 그것을 "신적 중심"le Milieu Divin이라고 불렀다). 모든 사람은 그 특성들 — 혹은 자유 — 을 정확히 이해해야 한다. 이 특성들은 전혀 새로운 정신적 차원이 출현하는 현상과 깊은 관련이 있기 때문이다.

기본적으로 (내가 방금 전에 말한 것을 기초로 하여) "신적 중심"을 특징짓는 것은 그것이 어떤 역학적 실체를 구성하여, 그 안에서는 보편성과 인격성 사이의 대립관계가 모두 차츰 사라지게 ― 그렇다고 혼동되지는 않으면서 ― 된다는 점이다. 세계의 수많은 "반성적" 요인들이 각자 그리스도적 "대자아" 속에 합체됨으로써 자신의 극미한 "소자아"를 실현하는 것인데, 참여하는 총체는 바로 이 그리스도적 대자아를 중심으로 (또 자신을 완성시키면서 동시에 그 대자아를 완성시키는 방식으로) 맴도는 것이다.

  수렴의 이 총체적 상호 연계 때문에, 기초적인 "자아"가 그리스도적 중심을 향해 조금이라도 다가가면, 그는 동시에 세계의 권 전체를 자기 쪽으로 끌어당기게 된다. 반대로, 그리스도적 중심이 세계의 요인들에게 조금이라도 자신을 건네주면(通交), 만물의 층 전체가 그에게 조금 더 가까이 밀착해 들어간다.

  상승이든 하강이든, 모든 운동은 (그 작용이 이루어지는 특정 "공간"의 굽음 때문에) 궁극적으로 전초-인간화, 전-그리스도화의 방향으로 진행된다.

  그래서 "보는 이"에게는 애착과 초탈, 행동과 기도, 연구와 흠숭, 자신을 향한 중심운동과 타자를 향한 탈심운동, 이 모든 것들 사이의 대립관계가 차츰 사라진다.

"그리스도 예수 안에"in Christo Jesu, 하느님은 이제 우리가 진화라고 부르는 전체의 테두리 속에서 잡힘과 잡음의 (어떤 의미로는 완성화의) 대상이 된다.

아직도, 그리고 언제까지나 그리스도교는 물론 존재한다! 하지만, 물질의 영적 에너지 속으로 다시 한 번 (두 번째 능력 속으로 육화하듯이) 육화한 그리스도교가 그렇다. "월越-인간"ultra-humain의 높아 가는 요구들에 응해 주기 위해서는 바로 이 "월-그리스도교" ultra-christianisme가 우리에게 필요한 것이다.

IV 미래의 종교

우리가 아직도 별다른 주의를 기울이지 않고 있지만, 전 지구적 정돈 과정에 들어선 인류가 제기하기 시작한 제일 첫 질문은 영적 능력의 "활성화" 문제이다. 원자력을 지배하기 시작하면서 우리는 "진화의 대 에너지"가 감추고 있던 힘의 원천을 손에 넣기 시작하였다. 이런 결정적인 정복이 완성되기 위해서라도, 대칭적으로 사물의 다른 극점에, 정신권 안에서 거기에 상응하는 어떤 "진화의 도약"을 폭발적으로 증폭시키는 방법을 찾아내게 될 것이다. 새로운 능력이 생기면, 거기에 맞추어 꿈과 열망도 새롭게 나타나는 법이다. 물리적 힘의 용출을 잘 이용하고 또 그 힘에 걸맞은 생활양식을 찾기 위해서, 인류는 그 행동·연구·창조 등 여러 분야에서 자신의 감각과 의지를 혁신적으로 닦고 강화하게 될 것이다.

그런데 반성적 존재들에게 자기 실현의 감각과 의지가, 근원적으로 의식이 도달하고 싶은 최첨단 꼭지점에 대한 기대, 그리고 거기서 영원히 안주하겠다는 의지로 이루어지지 않았다면, 다른 무엇으로 이루어졌다고 할 수 있겠는가?

또, 미래의 어떤 완성에 대한 희망적 믿음이라는 것이, 가장 정확하고 심리적인 의미의 "종교" 말고, 다른 무엇을 뜻할 수 있겠는가?

진화의 종교: 결국 인류가 생존하기 위해서, 또 더 높은 단계의 삶을 위해서, 점점 더 분명한 필요를 느끼는 것은 바로 이것이다. 이런 필요는 인간이 그 능력을 더 깊이 의식하고, 자신의 월-인간화 의무를 더 확실히 의식할수록 더 절실히 느끼게 된다.

"우주-정신-생성" 체제 속에서, 각 종교의 신념 체계가 가지고 있는 비교 가치는 각 체계가 지니고 있는 진화적 활성화의 능력으로 측정된다.

월-인간화 능력을 기준으로 해서 판단하기로 할 때, 현대 여러 사조들 가운데에서 내일의 종교로 간주될 만한 것을 찾아, 완성된 형태가 아니라면 적어도 싹이라도 발견하기 위해서는 어디로 가야 할 것인가?

이렇게 생각할 때 한 가지는 분명하다. "전진하는 방향의 종교들"(마르크스적 인본주의와 다른 여러 가지) 가운데에서도, "상승하는 방향의 종교들"(유신론과 여러 형태의 범신론들) 가운데에서도, 총체화한 인간세계가 제대로 기능하기 위해서 에너지적으로 요구되는 종류의 신앙을 찾아내기는 불가능하다는 사실이다. 우리 주변의 어디를 둘러보아도 이런 종교들 안에서는 우리의 기준에 비추어 만족할 만한 방식으로 표현된 신앙을 찾아볼 수가 없다.

"전진하는 방향의 종교들" 안에서는 그것이 왜 불가능한가? 인류가 자신을 중심으로 생물학적 수렴운동을 하고 있다는 사실과 그 결과를 인정하기 꺼리는 소심증 때문이든지, 아니면 진화 안에서 정신이 상승하고 있는 사실을 보고도 그것은 단지 부대현상일 뿐이라고 생각하면서 그 관념에 매달리는 고집 때문이든지간에, 현존하는 인본주의 형태들은 하나같이 (유물론적 색채가 가장 적은 경우에까지) 인간에게 더할 수 없이 바람직한 목표를 향해 가기 위해 그쪽으로 부추기는 신뢰를 — 그것이 없어서는 안 되는데 — 제공할 능력이 없다. 이보다 더 심각한 것은, 그 활동의 끝에 가서도 파괴되지 않을 목표를 제시할 능력이 없다는 사실이다. 개인들의 인격을 무시하는 전체화를 통해서나, 아니면 총체적 죽음의 문제를 해결하지 못한 데서 오는 위협을 통해서나, 과학을 바탕에 깔고 지금까지 나온 종교치고, 단 한 경우에도 종국적으로 극지에 들어가서는 우주가 절망적으로 얼어붙고, 닫혀 버리지 않은 데는 — 따라서 결국 살 수가 없는 — 없다. 이것이 진실이다.

"상승하는 방향의 종교들" 안에서도 그것이 불가능하기는 마찬가지다. (이 방향으로의 검토를 위해서는 가장 의미있고 가장 호의적인 경우, 곧 "고전적" 그리스도교 하나만을 두고 살펴보겠는데) "거의 마니케이즘화한" 복음주의는 지식과 기술의 진보를 아직도 인간적 영성화의 일차적 조건으로서가 아니라 그 단순한 부가물로서 제시하고 있는데, 따라서 거기에는 본질적인 어떤 것이 결여되어 있다는 사실이 우리 시대에 날로 더 분명해지고 있지 않은가? 과연 거기에서는 실패가 성공에 비해 대등하거나 오히려 더 큰 성화 가치를 지니는 것으로 여겨지지 않는가? 거기에서는 우리 눈앞에 끊임없이 십자가를 놓아두고 우리가 살고 있는 세상의 맨 처음 실패자를 계속 회상시키고 있지 않은가? 거기에서는 재림이 하나의 완성으로서보다는 가공할 재앙으로 저 멀리에서 어른거리고 있지 않은가? …

솔직히 인정하자. 20세기의 신-인본주의자들이 너무나 낮은 하늘 밑으로 우리를 탈-인간화하고 있다면, 유신론의 아직 살아 있는 형태들 — 그리스도교를 위시해서 — 역시 너무나 높은 하늘의 희박해진 공기 속에서 우리를 저低-인간화하는 경향이 있지 않은가? 우주 생성의 광활한 지평선과 거대한 숨결에 눈을 단단히 감고, 이들은 더 이상 참으로 땅과 함께 느끼지 못하는 것이 아닌가? 이들은 아직도 이 땅에서 약효 있는 기름처럼 내적 고통을 완화시키고는 있지만, (당연히 그래야 하는) 생명력과 활기를 불어넣지는 못한다.

바로 여기에서 "그리스도적 능력"이 제 빛을 발한다. 육화한 말씀의 우주적 요구와 수렴하고 있는 우주의 영적 잠재력. 이 둘의 만남에서 발생하여, 앞에서 본 것처럼, 우리에게 나타난 이 능력, 이 힘이 제 실력을 발휘할 자리는 바로 여기다. 우리가 앞에서 본 바와 같이, 신적 중심 속에서, 하늘의 힘과 땅의 힘이 정확하고 힘차게 결합하는 것이다. 그렇게 해서 옛날식 상승 방향의 하느님과 오늘날 전진 방향의 하느님이 정확하게 통합된다. 그리스도교가 오늘날 비신자들에게 아무리 낡은 것처럼 보여도, 그것이 모든 움직이는 것에 대해서 고립 내지 대립의 입장을 취하는 대신, 움직이는 세계에 자신을 결연히 "연결"시키기로 하면, 바로 그 순간, 그리스도교는 초기의 활력과 매력을 온전히 되찾게 된다.

인간 역사 속에서 태어난 경신숭배의 모든 형태들 가운데 그리스도교만이, "이렇게 연결만 된다면", 우리를 둘러싸고 있는 정신권 한가운데 또 그 흐름 속에서, 생명의 성장력뿐 아니라 쇠퇴와 죽음의 힘까지를 망라해서, 그것들에게 최대한의 에너지를 공급하는 놀라운 힘을 발휘할 수 있다.

　다시 한 번 말하거니와, 그리스도교는 아직도 그리고 언제까지나 그런 힘을 발휘할 수 있다. 다만 한 가지 조건은, 그것이 처음 세상에 출현하던 때처럼 미래에도 개선에 대한 확고한 신념을 가지고 "다시 태어나는" 일이다. 그리스도 교회만이 (그 십자가와 부활의 의미를 "비로소 완전히 깨달으면" 바로 그 힘으로) 진화에 추진력을 줄 수 있는 능력이 있기 때문이다.

마무리: 약속된 땅[5]

에너지가 현존으로 바뀐다.

그래서 인간이 믿고 바랄 수 있을 뿐만 아니라, (더욱 뜻밖이고 더욱 소중한 것인데) 자신의 중심을 향해 응축해 들어가는 우주의 과거·현재·미래와 보조를 맞추어 같은 외연과 같은 유기체적 구조 속에서, "사랑"할 수 있는 가능성이 인간에게 열린다.

그런 종류의 빛이 단 한 줄기라도 정신권 안에서

---

[5] 제1차 세계대전에서 막 돌아왔을 때, 떼이야르 신부는 당시에 도달한 정점에 서서 이미 다른 땅을 예감하고 있었다: "한 인간으로서 그리고 한 그리스도인으로서 두 겹의 신앙에서 힘을 얻어, 나는 미래를 향해 힘차게 나가겠다. … 산 정상에 서서 나는 '약속된 땅'을 흘끗 보았기 때문이다". — 1919년 2월. 골드쇼이어(바데)에서. 『약속된 땅』에서 인용, 전집 12권.

어디에든 떨어지면, 마치 하나의 불똥처럼 폭약의 뇌관을 점화시켜, 거의 순간적으로 땅의 얼굴을 완전히 살라 새롭게 한다고도 말할 수 있겠다.

정말로 그렇다면, 내가 방금 본 광경에서 얻은 흥분이 채 가시기도 전에 주변을 바라보며, 사실상 나 혼자만 그렇게 생각하고 있는 현실을 대면하게 될 때, 이를 어떻게 받아들여야 할까? 내가 본 것이 사실일까? "그처럼 놀라운 세계를 보여 주는 '투명현상'에 대해서 당신같이 생각한 사람이 있다면 단 한 예라도 대 보아라. 그런 방향의 글이 있으면 어디 한 번 말해 보아라." 사람들이 이렇게 요구하면 나는 대답해 줄 수가 없다.

그뿐 아니라, 더 심각한 것은, "산에서 본 것 때문에" 내 눈에 장려한 빛이 감돌게 되었음에도 불구하고, 나 자신을 돌아보면, 나아진 것이 별로 없고, 평화를 얻은 것 같지도 않으며, 내가 온전히 빠져 들어 있다고 생각한 그 놀라운 일치를 행동으로 옮기는 데에 여전히 무능하고, 따라서 그것을 남들에게 효과적으로 전달할 수가 없기는 마찬가지인데, 과연 이것은 어찌 된 일인가?

우주적 그리스도? 신적 중심? …

결국 나는 거대한 내적 환상에 휘말렸던 것은 아닐까? 나는 자주 이렇게 자문하곤 한다.

그러나 이런 의심을 할 때마다, 내 가장 깊은 속에서는 세 가지 명징성의 파도가 계속 밀려오는 것 또한 사실이다. 그렇게 해서, 나의 "그리스도적 명상"이 한낱 환상에 불과할 수 있다는 두려움을 내 정신으로부터 몰아내곤 한다.

필설로 표현할 수 없는 이 "요인" ― 혹은 중심 ― 이 내 사고와 마음의 깊이에 설정해 주는 "이로정연함"의 명징성을 먼저 살펴보자. 물론 (나는 그것을 너무나 잘 알고 있는데) 내 생각의 장대한 광휘에도 불구하고, 나는 실제에 있어서 늘 부족하여, 그것이 항상 걱정이다. 나의 그럴듯한 언어적 표현에도 불구하고, 내 신앙은 내 안에서, 아직도 어린이들에게 가르치고 있는 교리가 내 곁에서 무릎을 꿇고 있는 비천한 사람 안에서 실제로 불러일으키는 성도의 실질적 애덕과 신뢰에 찬 평화마저 확보해 주지도 못한다. 하지만 이 점만은 분명하다. 내가 제대로 활용하지 못하고 있는 형편이지만, 그래도 이 세련된 신앙만이 내가 견뎌 내고, 나를 만족시킬 수 있다. 그리고 (내가 의심할 수 없는 일인데) 미래에는 "무지렁이들"과 "할머니들"도 이런 신앙에서만 만족을 느낄 수 있을 것이다.

다음으로는, 하느님을 단순히 "몸을 다하고 마음을 다해서"만이 아니라 "진화 중인 우주를 다해서"도 사랑하는 일이 가능하게 되는, 그런 종류의 사랑이 가지는 "전염 능력"의 명징성이다. 앞에서 고백했듯이, 나는 "우주관"이나 "그리스도관"이나 간에, 그 어느 쪽과 관련해서도 끝까지 나와 같은 견해를 가진 "권위자" — 교회 안에서건 밖에서건 간에 — 를 인용할 수가 없다. 그런가 하면, 다른 한편으로, 내 주변에서 — 불신의 경계선으로부터 깊숙한 수도원에 이르기까지 — 정확하게 나와 똑같이 생각하고, 느끼고, 적어도 예감하는 ("내 생각"이 전파되는 방식을 보아서라도) 사람들이 대단히 많다고 하는 사실을 어떻게 감지하지 못할 수가 있겠는가? 내가 스스로 찾아냈다기보다는 내 주위에 있는 많은 사람들 속 어디에서나 (그리스도교와 세계가 일정한 상태에 이르렀기 때문에) 불가피하게 진동하고 있던 것에 내가 공명했을 뿐이라는 사실을 깨닫게 된 것은 참으로 위안을 주는 일이다. 또 따라서, 내가 혼자가 아니라 거대한 군중이며, 내 마음속 깊이에 이미 느끼고 있는 내일의 온 인류가 보일 의견일치를 생각할 때, "모든 이"라고까지 말할 수 있는 것은 참으로 큰 희열을 느끼게 하는 일이다.

마지막으로, 사람들이 내게 가르쳐 준 것에 비해 내가 본 것이 (같으면서도 동시에) "우월하다"는 사실에서 오는 명징성이다. 그 역할 자체로 볼 때에는,

우리를 잡아끌어 주시는 하느님이 덜 완전하시다든가, 우리와 함께 진화하는 세계가 우리가 생각하는 것, 그리고 우리가 필요로 하는 것보다 덜 자극적이라고 말할 수는 결코 없다. 이 각 경우에 모두, (만물의 재료 안에 어떤 적극적 부조화가 있다고 주장하지 못하는 한) 진리는 최대치 쪽에 있다. 그런데 우리가 앞에서 본 바와 같이, 우리가 살고 있는 시대에, 신이 흠숭할 만한 모습의 최정상을 보이고, 진화가 그 활동의 극단에 도달하는 것은 그리스도 안에서이다. 그렇다면 인간이 언젠가 불가피하게 도달할 곳, 최종적으로 가 닿아서 하나가 될(一致) 것은 그쪽이라는 결론밖에 어떤 결론을 또 내릴 수 있겠는가?

이렇게 해서, 피상적으로 나타나던 나의 외로움, 동떨어진 것 같은 입장은 아주 자연스럽게 해명된다.

지금 이 땅 위 어디에서나, 진화 개념의 출현으로 새로 조성된 정신적 분위기 속에서, 하느님께 대한 사랑과 세계에 대한 믿음이 서로 더할 수 없이 긴밀하게 연결되어 있음을 사람들은 첨예하게 깨닫고 있다. 그리고 이 둘은 월-인간의 본질적 구성 요소들이다. 또 이 두 구성 요소들은 어디에나 "널리 퍼져 있다". 하지만 일반적으로, "동일한 주체 안에서" 완벽한 조화를 이룰 만큼, 이 "두 가지가 동시에" 강한 것은 아니다. 순전한 우연에 의해 — 기질, 교육, 분위기 … ―, 내 안에서는 이 두 가지가 각기 적절한 비율로 조화를 이루고 있어서, 그 사이의 융합이 (폭발적으로 전파되기에는 아직도 너무 약하지만) 저절로 만들어졌다. 이 융합이 아직 너무 약한 것이 사실이지만, 반작용이 가능하게 하고, "언젠가 연쇄고리 사슬이 이루어지게" 하기에는 충분하다.

진리는 어떤 한 사람의 정신 속에 단 한 번 나타나는 것으로 족하다는 사실을 보여 주는 또 하나의 증거이다. 그렇게 해서 일단 세상에 나타난 진리는 아무도 막을 길이 없이 모든 것을 정복하고 모든 것을 불살라 버리는 것이다.

1955년 3월, 뉴욕에서

부록: 마지막 일기

삐에르 떼이야르 드 샤르댕은 죽기 사흘 전에 다음과 같은 생각을 일기에 적었다. 이것은 마지막 일기이면서 동시에 하나의 사상가로서 또 수도자로서 그의 가장 숭고한 증언이기도 하다. 이 글을 판독하고 주석을 단 이는 끌로드 뀌에노인데, 그는 『떼이야르가 실제로 말한 것』(Paris, Stock, 1973)이라는 자신의 저서에 이를 소개하였다 — 편집자.

1955년 4월 4일 [⋯]

인간의 구분 { 1) 한껏 피어난 인간(우주의 인간주의)
            2) 한껏 진화한 인간(= 문적門的 · 행성적 존재
                                        행성적 인간)

우주발생의 인간주의

4월 7일[6]
(성 목요일) → 내가 믿는 것
                 종합   (신학적 확인! ⋯ 계시
                                 넘치게 만족!)

{ 1) 바울로 사도 ⋯ 세 절[7]: $\dot{\epsilon}\nu\ \pi\hat{\alpha}\sigma\iota\nu\ \pi\acute{\alpha}\nu\tau\alpha\ \Theta\epsilon\acute{o}\varsigma$[8]
  2) 우주 = 우주발생 → 생명발생 → 정신발생 → 그리스
                                                        도발생
      우주 = 우주발생 → 생명발생 → 정신발생
      (인간 현상)
  3) { 우주는 중심을 지니고 그것을 지향(진화적으로, 위로,
(내 신경信經의   앞으로)
 2 조항)   그리스도는 그 중심이다
                                  ↘ (그리스도교 현상)
                                      정신발생 = 그리스도발생
         { (≡ 바울로 사도, 앞에 인용한 구절!)
           "영"의 | 견고성
           (방사적radiale)

? 계획 "내가 믿는 것"
     { 1) 중심을 지니고 거기로 향하고 있는 우주 — 제3의 무한 속에서
                 → 신-인간주의(월-인간)
       2) 그리스도는 우주의 중심이다(정신발생 = 그리스도발생)
                 → 신-그리스도교(신-니체아)
                 → (정신발생을 구원하고   (≡ 바울로 사도 ⋯)
                     그것으로 구원된다)

---

[6] 원문에는 4월 6일로 잘못 적혀 있다. 그러나 1955년의 부활대축일은 4월 10일이었으므로 성 목요일은 7일이었다(퀴에노의 주석).

[7] 1고린 15,25-27(퀴에노의 주석).

[8] $\dot{\epsilon}\nu\ \pi\hat{\alpha}\sigma\iota\nu\ \pi\acute{\alpha}\nu\tau\alpha\ \Theta\epsilon\acute{o}\varsigma$ = Dieu tout en tous[하느님은 모든 이들 안에 모든 것](퀴에노의 주석).

옮기고 나서

"마지막 말"

한 개인의 삶을 이해하기 위해서나 한 저자의 전체 사상을 깨닫기 위해서는 그의 마지막 말에 특별한 주의를 기울일 필요가 있습니다. 글을 쓰는 사람의 편에서도 자신의 기본적인 생각은 아주 일목요연하고 단순한데 그것을 글로 펼쳐 쓰다 보면 이리저리 복잡한 가지가 생기고 표현이 애매해지고 말았다는 느낌을 지울 수 없게 되곤 합니다. 읽는 이가 나무 하나하나에 붙잡혀 숲의 전체 모양을 놓쳐 버리지나 않을까 하는 염려가 생기는 것입니다. 그래서 길게 말했던 것을 간단히 요약해 보기도 하고, "요컨대 이것이다" 하고 자신의 바탕 생각을 보여 줄 방도를 여러 방향에서 찾기도 합니다.

더구나 은하계 저쪽까지 뻗쳐 있는 물질세계와 영원에까지 닿아 있는 신앙세계, "목숨을 다하고 마음을 다하고 생각을 다하고 힘을 다해서" 탐구한 이 두 세계가 하나로 융화되는 모습을 꿰뚫어 본 사람으로서, 떼이야르는 자신에게 주어진 이 근본적 곡두를 두고 일평생 사색하고 묵상하는 가운데, 점점 더 단순하고 명료한 표현 방식을 찾아낼 수 있었던 것입니다.

그래서 죽기 두 달 전부터 쓰기 시작한 이 마지막 글에서, 우리는 그 양으로 보아서도 대단히 방대하고, 그 난해성에 있어서도 처음 읽는 사람을 질리게 하는 바가 있는 그의 사상을 이해하는 데 더없이 귀중한 길잡이를 발견합니다.

그리고 맨 끝에 소개된 「마지막 일기」는 죽기 3일 전에 쓴 것이라는 시간적 의미에다가, 완성된 문장이 아니라 일종의 도표형식이라는 그 모양새가 지니는 의미가 덧붙여져, 떼이야르가 자신의 사상을 짧고 명료하게 표현하는 일에 마지막 순간까지 할 수 있는 모든 노력을 다했음을 분명히 보여 줍니다.

우리는 지금 첨단을 달리고 있는 과학의 세계에 살고 있습니다. 특히 정보공학, 생물학, 천문학 내지 천체물리학의 발전은 인간의 의식과 삶을 깊은 충격과 함께 지금까지 경험한 적이 없는 규모로 바꿔 가고 있습니다. 이런 때 생각하는 존재로서, 우주 진화의 여정에서 마침내 반성능력을 갖추게 된 인간으로서, 어떤 믿음을 가지고 물질세계와 정신세계, 자신의 육체 차원과 정신 차원, 밖과 안을 돌아보며, 새로워진 환경에 걸맞게 살아갈 수 있을까 하는 것은 오늘, 그리고 미래의 인류에게 가장 큰 과제가 아닐 수 없습니다.

떼이야르는 이 단계에 와 있는 인류에게 길을 제시하기 위해서 아무도 가지 않은 길을 먼저 홀로 걸었고, 그 일을 위해 자기 생명의 마지막 순간까지를 온전히 쏟아 바침으로써, 순교자적 면모를 여실히 보여주었습니다. 과학이 새롭게 펼쳐 보여 주는 세계를 앞에 두고 영원의 문제를 생각하는 현대인을 위한 순교자, 우리는 이 글에서 떼이야르의 그런 면모를 보게 됩니다.

2002. 8. 15.
이병호